AF312004

VENTE

Du Vendredi 7 Juin 1912

HOTEL DROUOT, SALLE N° 1

A DEUX HEURES

Meubles et Sièges Anciens

Sièges portant l'Estampille du GRAND TRIANON

FAIENCES ET PORCELAINES

Tableaux et Dessins Anciens

BRONZES, SCULPTURES, VITRAUX

TAPISSERIES ANCIENNES

COMMISSAIRE-PRISEUR

M° GEORGES TIXIER

EXPERT

M. ÉDOUARD PAPE

CATALOGUE

DES

Meubles Anciens et Modernes

Sièges portant l'Estampille du GRAND TRIANON

Tapisseries anciennes

TABLEAUX & DESSINS ANCIENS

ET MODERNES

Faïences et Porcelaines Anciennes

OBJETS D'ART

BRONZES – LAQUES – Etc.

DONT LA VENTE AURA LIEU

HOTEL DROUOT, Salle N° 1

LE VENDREDI 7 JUIN 1912

à deux heures

COMMISSAIRE-PRISEUR	EXPERT
Me GEORGES TIXIER	**M. ÉDOUARD PAPE**
45, rue de la Chaussée-d'Antin, 45	174, rue du Faubourg-Saint-Honoré

EXPOSITION PUBLIQUE

Le Jeudi 6 Juin 1912, de 2 heures à 6 heures

CONDITIONS DE LA VENTE

Elle sera faite au comptant.

Les adjudicataires paieront *dix pour cent* en sus des enchères.

L'exposition mettant le public à même de se rendre compte de l'état et de la nature des objets, aucune réclamation ne sera admise une fois l'adjudication prononcée.

Paris. — Imp. de l'Art, Cн. Berger, 41, rue de la Victoire

DÉSIGNATION

TABLEAUX ET DESSINS

ÉCOLE FRANÇAISE (XIXᵉ siècle)

1 — *Judith et Holopherne.*

ÉCOLE FRANÇAISE (XVIIIᵉ siècle)

2 — *Portrait d'Homme en perruque poudrée, vu presque de face.*

ÉCOLE FRANÇAISE (XVIIIᵉ siècle)

3 — *Portrait de Femme.*

Pendant du précédent.

ÉCOLE FRANÇAISE (XVIIᵉ siècle)

4 — *Le Prophète Élie sur son char de feu.*

Cadre ovale en bois sculpté.

STEVENS (Alfred) et DE KNYFF

5 — *Pâturage au bord de la mer.*

DAUBIGNY (Karl)

6 — *Paysage.*

WERF (Van der)

7 — *Pastorale.*

ÉCOLE FRANÇAISE (xviiie siècle)

8 — *Achille fait attacher à son char le cadavre d'Hector qu'il va traîner autour des murailles de Troie.*

LAGRENÉE

9 — *Alexandre le Grand battant un philosophe.*
Signé à droite.

ÉCOLE ANGLAISE (xviiie siècle)

10 — *Portrait d'un Sculpteur soulevant le voile qui recouvre une statue de femme.*
Peinture sur marbre.

LARGILLIÈRE (Attribué à)

11 — *Portrait d'Homme.*

COCHIN (Attribué à)

12 — *Deux Portraits : Homme et Femme.*
Crayon.

DIDIER-POUGET

13 — *Paysage.*

BEAUVARLET (D'après Boucher)

14 — *L'Arrivée du Courrier.*

ÉCOLE FRANÇAISE (Commencement du xixe siècle)

15 — *Ophélie.*

FAIENCES ET PORCELAINES
ANCIENNES

16 — **Rouen**. Assiette creuse, à décor rayonnant en camaïeu bleu.

17 — **Delft**. Assiette, décorée de lambrequins polychromes et, au centre, d'un cerf jaune passant.

18 — **Sèvres**. Tasse fond bleu lavande, avec réserves de fleurs et couronnes de lauriers.

19 — **Saxe**. Statuette d'enfant moissonneur sur socle.

20 — **Saxe**. Deux coupes, décor de fleurs polychromes.

21 — **Saint-Cloud**. Manche de couteau polychrome.

22 — **Saxe**. Feuille décorée de bouquets de fleurs polychrome.

23 — Lot de tasses et soucoupes de Sèvres, Chine, Locré, etc.

24 — **Nevers**. Paire de cache-pots.

25 — **Faïence anglaise.** Paire de cache-pots.

26 — Deux vases vieux Chine, fond bleu. Époque Kang-hi.

27 — Deux carafes à khalian, décor bleu. Vieux Chine.

BRONZES

28 — Jardinière vernis Martin ; montée en bronze.

29 — Jardinière de forme ovale en bois noir ; montée en bronze doré.

30 — Paire de flambeaux, bronze doré.

31 — Vase marbre avec piédouche, monté bronze ciselé et doré.

32 — Lampe en bronze doré, montée à l'électricité. Style Louis XV.

33 — Lampe en bronze doré, dont le fût bronze patiné simule un carquois plein de flèches.

34 — Grande lanterne, de forme cylindrique, en bronze doré. Style Louis XVI.

35 — Lanterne semblable.

36 — Grande lanterne bronze. Style Louis XVI.

37 — Quatre lanternes bronze, montées pour l'électricité et le gaz.

38 — Lustre en bronze doré et métal peint en bleu, monté à l'électricité. Style Louis XVI.

39 — Petite lampe faite d'un vase céladon rouge haricot, montée bronze doré.

40 — Petit lustre, bronze doré, à palmettes et guirlandes, monté à l'électricité.

41 — Deux chiens vieux Chine, montés sur des terrasses recouvertes d'un tapis simulé en bronze doré. Style Louis XVI.

42 — Deux appliques à quatre branches terminées par des fleurs de lis. Style Louis XVI.

43 — Deux chenets bronze patiné. Style Renaissance.

44 — Cinq pare-étincelles.

45 — Deux lions appuyant la patte droite sur un écusson.

46 — Quatre pelles et pincettes.

47 — Garniture de cheminée, composée d'une pendule en bronze ciselé et doré avec socle de marbre blanc, de deux candélabres à cinq lumières et de deux flambeaux. Style Louis XVI.

48 — Deux girandoles, bronze doré et cristaux.

49 — Paire d'appliques en bronze ciselé et doré. Style Louis XV.

LAQUES

50 — Boîte rectangulaire, décorée de deux éventails.

51 — Petite caisse rectangulaire en laque noir ajouré ; décor de fleurs et branchages.

52 — Boîte en forme de coupe couverte, laque noir.

53 — Grande boîte carrée, à deux tiroirs ; décor d'arbustes fleuris.

54 — Boîte rectangulaire, décorée de murs grillés, d'oiseaux et d'arbres fleuris.

55 — Une petite boîte hexagonale, trois tasses et leurs soucoupes.

56 — Deux petits plats ronds et un plateau rectangulaire.

57 — Boîte ovale, laque noir.

58 — Boîte cylindrique à quatre compartiments.

59 — Deux boîtes couvertes cylindriques en forme de pot de toilette.

60 — Deux petits brûle-parfum, laque **noir**, montés sur trois pieds bronze doré.

61 — Deux boîtes rectangulaires, de forme allongée, laque noir.

62 — Pitong hexagonal, laque d'or à paysages.

63 — Boîte rectangulaire, décorée de papillons, de fleurs de pêcher et fermant à l'aide d'une cordelière.

64 — Boîte ronde, laque noir, décorée de montagnes, d'arbres et de pagodes.

65 — Trois boîtes rondes, laque noir, décorées de fleurs et d'insectes.

66 — Boîte, laque noir, décorée d'une armoirie.

67 — Boîte, laque rouge, décorée de dragons en relief.

68 — Boîte rectangulaire, laque noir, contenant cinq petites boîtes,

69 — Boîte rectangulaire, laque noir burgauté, décorée de trèfles, de maillets et d'attributs.

70 — Petit meuble laqué formant étagère, décoré de paysages.

71 — Pitong en bambou ajouré et décoré de personnages chinois.

OBJETS DIVERS

72 — Grande vasque en marbre. Epoque Louis XV.

73 — Petite boîte bergamote en forme de cœur. Époque Louis XVI.

74 — Émail ovale, représentant une sainte. Limoges, xviie siècle.

75 — Écrin de forme cylindrique, cuir.

76 — Volant en ancienne dentelle d'Alençon, mesurant 2 m. 20 cent. environ.

77 — Deux fenêtres et deux impostes, décorées de dix vitraux anciens, des xve et xvie siècles.

MEUBLES ET SIÈGES

78 — Piédestal en bois peint.

79 — Fût de colonne dorique, peint à l'imitation de marbre.

80 — Table à thé, à deux plateaux.

81 — Petite table, à pieds galbés. Style Louis XV.

82 — Étagère bretonne, à trois rayons.

83 — Table de nuit en acajou.

84 — Petite table-rognon, bois de rose et violette. Style Louis XV.

85 — Étagère, à quatre rayons, en chêne.

86 — Armoire en chêne.

87 — Deux porte-serviettes en acajou.

88 — Étagère en chêne.

89 — Meuble-toilette anglais.

90 — Table-rognon en bois de rose. Style Louis XV.

91 — Petite étagère d'applique, à porte ajourée, en acajou.

92 — Paravent, à six feuilles, en bois doré.

93 — Table de nuit en acajou, avec plateau d'entre-jambe.

94 — Paravent à trois feuilles, brodées de grosses fleurs.

95 — Baromètre sculpté et doré. Style Louis XVI.

96 — Deux appliques de coin en bois sculpté et doré. Style Louis XVI.

97 — Petite table en acajou, à quatre pieds. Le plateau est recouvert d'une plaque de cuivre martelé.

98 — Table-rognon en chêne. Style Louis XV.

99 — Étagère d'applique en acajou moucheté, à
filets de cuivre.

100 — Écran en bois sculpté et doré. Style Louis XVI.

101 — Bibliothèque en bois peint en blanc, dont le
bas forme buffet treillagé.

102 — Table, de forme contournée, en bois de rose
et de violette, marquetée de losanges sur les
côtés. Galerie, chutes et sabots en cuivre. Style
Louis XV.

103 — Poudreuse, marquetée de bouquets de fleurs
et, sur les côtés, d'ustensiles et attributs divers.
Époque Louis XVI.

104 — Paravent à quatre feuilles et quatre glaces,
couvert d'étoffes.

105 — Table tric-trac en bois noir, à dessus laqué.
Elle est munie de poignées, d'une ceinture, d'encadrements, de chutes et de sabots en bronze
ciselé et doré. Style Louis XVI.

106 — Bois de paravent en acajou.

107 — Commode, à trois tiroirs, marqueterie de
fleurs. Poignées et entrées en bronze doré. xviiie
siècle.

108 — Cartonnier en bois peint, cartons gainés en
papier.

109 — Série de bibliothèques, à portes grillagées, en bois peint gris, tablettes et accessoires. Style Louis XVI.

110 — Deux colonnes Louis XVI, fûts cannelés, en bois sculpté peint et doré.

111 — Deux consoles en bois sculpté doré, glace étamée au fond. Style Louis XVI.

112 — Deux dressoirs-consoles en bois peint, dessus en marbre brèche violette. Style Louis XVI.

113 — Meuble d'appui, à marqueterie de trèfles. Style Louis XVI.

114 — Chaise longue, en deux parties, en bois peint gris et doré, recouverte de velours gaufré à fleurs. Style Louis XV.

115 — Chaise en noyer, couverte de velours. Style Louis XVI.

116 — Bergère, couverte en velours. Style Louis XVI.

117 — Petite bergère très basse, couverte en velours. Style Louis XVI.

118 — Quatre petites chaises cannées en bois doré. Style Louis XVI.

119 — Meuble de salon en bois doré, composé de deux fauteuils, deux bergères et un petit canapé. Style Louis XVI.

120 — Quatre chaises à dossier carré, portant les étiquettes suivantes :

PALAIS DES TRIANONS
Inventaire 1855
n° 141

. . .

Ordre n° 191
GRAND TRIANON
SALON INTÉRIEUR
J. M. n° XIII C. E. Pn. X.

et sur le bois :

G. T. 1571
T. 141

Fin de l'époque Louis XVI.

121 — Tabouret à quatre pieds et entrejambe, recouvert de tapisserie au point. Style Régence.

122 — Fauteuil en acajou. Siège et dossier en cuir.

123 — Trois fauteuils cannés.

124 — Deux canapés, couverts en velours et soie.

125 — Divan d'angle capitonné, couvert de gourgouran vert. *Maison Leys.*

126 — Un canapé capitonné, couvert de velours laine rouge. *Maison Leys.*

127 — Deux fauteuils, couverts de velours laine grenat. *Maison Leys.*

128 — Une chaise, couverte de velours de Gênes bleu et or. *Maison Leys.*

129 — Un petit fauteuil capitonné, à bras suspendus,
couvert de velours de Gênes vert. *Maison Leys.*

130 — Un canapé, couvert de velours de laine
grenat. *Maison Leys.*

131 — Un fauteuil d'angle, couvert de velours laine
grenat. *Maison Leys.*

132 — Une chaise Louis XIII, couverte de velours
de Gênes bleu. *Maison Leys.*

133 — Un canapé d'antichambre, couvert de velours
gaufré grenat. *Maison Leys.*

134 — Une chaise, couverte de velours de Gênes
vert et or. *Maison Leys.*

135 — Deux chaises, couvertes de velours de Gênes
rayé crème et vert. *Maison Leys.*

136 — Pouf à coussins contrariés, velours de Gênes.

137 — Mobilier de salon, composé de : un grand
canapé, quatre fauteuils, quatre chaises en bois
sculpté et doré, couvert de lampas jaune, bleu,
et crème.

138 — Chaise, couverte de tapisserie au point à
fleurs et nœuds de rubans. Époque Louis XV.
Signée : *Jacob.*

139 — Fauteuil, recouvert de tapisserie au point à
bouquets de fleurs et encadrements de rubans.
Époque Louis XV.

140 — Bergère, couverte de tapisserie au point à fond bleu. Époque Louis XV.

141 — Fauteuil, couvert de tapisserie au point à grosses fleurs. Époque Louis XV.

142 — Meuble d'appui. Style Louis XVI.

143 — Commode. Époque Louis XVI.

144 — Chaise longue. Époque Louis XVI.

145 — Deux fauteuils. Époque Louis XVI.

146 — Bergère. Époque Louis XVI.

147 — Banquette. Époque Louis XVI.

148 — Deux pendules Empire.

149 — Pendule. Style Louis XVI.

150 — Bureau à dos d'âne. Époque Louis XVI.

151 — Fauteuil. Époque Louis XVI.

152 — Deux encoignures. Époque Louis XVI.

153 — Six chaises. Époque Louis XVI.

154 — Chaise percée. Époque Louis XV.

155 — Deux canapés. Époque Louis XIV.

156 — Deux fauteuils. Empire.

157 — Chiffonnier. Époque Louis XVI.

158 — Prie-dieu. Style gothique.

159 — Cheminée monumentale.

160 — Deux chaises italiennes, à incrustations d'ivoire.

161 — Grand trumeau, avec glace surmontée d'une peinture du xviii⁰ siècle dans le goût de Boucher. Style Louis XVI.

162 — Commode à deux tiroirs en bois de rose, à marqueterie de fleurs en bois de bout. Poignées, chutes, sabots en bronze ciselé et doré. Style Louis XV.

163 — Grand tapis persan.

TAPISSERIES

ET TENTURES

161 — Portière, à décor d'oiseaux. Tapisserie moderne.

165 — Tapisserie moderne, à décor d'oiseaux dans un paysage.

166 — Tapisserie-verdure moderne.

167 — Grande tapisserie flamande, présentant une scène de l'Histoire d'Esther et d'Assuérus. Bordure de fruits, fleurs, vases et médaillons. XVIᵉ siècle.

> Haut., 2 m. 75 cent.; larg., 4 m. 40 cent.

168 — Tapisserie, représentant Moïse dans le désert.

> Haut., 2 m. 85 cent.; larg., 2 m. 80 cent.

169 — Objets omis.

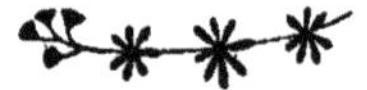